中华经典
诵读本

第一辑

三字經 百家姓 千字文

德育啟蒙 孝經

简体横排
大字注音
全本收录

谦德书院○编

团结出版社
UNITY PRESS

© 团结出版社，2024 年

图书在版编目（ＣＩＰ）数据

中华经典诵读本 . 第一辑 / 谦德书院编 . — 北京：
团结出版社 , 2024. 11. — ISBN 978-7-5234-1194-0

Ⅰ . K203-49

中国国家版本馆 CIP 数据核字第 20249Z01J3 号

责任编辑：王思柠
封面设计：萧宇岐

出　　版：团结出版社
　　　　　（北京市东城区东皇城根南街 84 号 邮编：100006）
电　　话：（010）65228880 65244790
网　　址：http://www.tjpress.com
E-mail：zb65244790@vip.163.com
经　　销：全国新华书店
印　　装：天宇万达印刷有限公司

开　　本：145mm×210mm　32 开
印　　张：27　　　　　　　字　　数：350 千字
版　　次：2024 年 11 月 第 1 版　印　　次：2024 年 11 月 第 1 次印刷

书　　号：978-7-5234-1194-0
定　　价：180.00 元（全九册）

出版说明

　　中华文明，有着五千多年的悠久历史，是世界上唯一流传至今、没有中断的文明。中华文明价值中最为重要的，就是祖先给我们留下的大量经典。这些典籍，薪火相传，一直流淌在中国人的血液中。

　　近年来，由于全社会对于弘扬中华优秀传统文化的高度重视，在大量志士仁人的努力推动下，中华传统文化逐渐迎来了复兴的春天。在此背景下，我们编辑出版了这一套《中华经典诵读本》，旨在弘扬中华优秀传统文化，延续传统，推动读经教育的普及。

　　本套读本采用简体、大字、横排、注音的形式，选择经典若干种，陆续分辑出版。采用简体横排，旨在顺应现代读者的阅读习惯。

　　大字，旨在方便儿童认识汉字，减少视觉疲劳。注音采用汉语拼音，旨在保证初学者读音准确。整套读本的经文底本和注音均参考历代注疏和诸家版本，严加校正，以求最善。

　　这套书不仅适合广大少年儿童作为读经教材，即便是成年人，读诵这些经典，也是大有益处的。古人云："旧书不厌百回读。"我们期待着，这些典籍能够家弦户诵，朗朗的读书声能传遍中华大地，让古老的中华文明，重新焕发出新的活力。

目 录

目 录

三字经

（宋）王应麟　撰

扫一扫　听诵读

人之初　性本善　性相近　习相远
苟不教　性乃迁　教之道　贵以专
昔孟母　择邻处　子不学　断机杼
窦燕山　有义方　教五子　名俱扬
养不教　父之过　教不严　师之惰
子不学　非所宜　幼不学　老何为
玉不琢　不成器　人不学　不知义
为人子　方少时　亲师友　习礼仪
香九龄　能温席　孝于亲　所当执
融四岁　能让梨　弟于长　宜先知
首孝弟　次见闻　知某数　识某文
一而十　十而百　百而千　千而万
三才者　天地人　三光者　日月星
三纲者　君臣义　父子亲　夫妇顺
曰春夏　曰秋冬　此四时　运不穷

yuē nán běi
曰 南 北

yuē xī dōng
曰 西 东

cǐ sì fāng
此 四 方

yìng hū zhōng
应 乎 中

yuē shuǐ huǒ
曰 水 火

mù jīn tǔ
木 金 土

cǐ wǔ xíng
此 五 行

běn hū shù
本 乎 数

shí gān zhě
十 干 者

jiǎ zhì guǐ
甲 至 癸

shí èr zhī
十 二 支

zǐ zhì hài
子 至 亥

yuē huáng dào
曰 黄 道

rì suǒ chán
日 所 躔

yuē chì dào
曰 赤 道

dāng zhōng quán
当 中 权

chì dào xià
赤 道 下

wēn nuǎn jí
温 暖 极

wǒ zhōng huá
我 中 华

zài dōng běi
在 东 北

yuē jiāng hé
曰 江 河

yuē huái jì
曰 淮 济

cǐ sì dú
此 四 渎

shuǐ zhī jì
水 之 纪

yuē dài huà
曰 岱 华

sōng héng héng
嵩 恒 衡

cǐ wǔ yuè
此 五 岳

shān zhī míng
山 之 名

yuē shì nóng
曰 士 农

yuē gōng shāng
曰 工 商

cǐ sì mín
此 四 民

guó zhī liáng
国 之 良

yuē rén yì
曰 仁 义

lǐ zhì xìn
礼 智 信

cǐ wǔ cháng
此 五 常

bù róng wěn
不 容 紊

dì suǒ shēng
地 所 生

yǒu cǎo mù
有 草 木

cǐ zhí wù
此 植 物

biàn shuǐ lù
遍 水 陆

yǒu chóng yú
有 虫 鱼

yǒu niǎo shòu
有 鸟 兽

cǐ dòng wù
此 动 物

néng fēi zǒu
能 飞 走

dào liáng shū
稻 粱 菽

mài shǔ jì
麦 黍 稷

cǐ liù gǔ
此 六 谷

rén suǒ shí
人 所 食

mǎ niú yáng
马 牛 羊

jī quǎn shǐ
鸡 犬 豕

cǐ liù chù
此 六 畜

rén suǒ sì
人 所 饲

yuē xǐ nù
曰 喜 怒

yuē āi jù
曰 哀 惧

ài wù yù
爱 恶 欲

qī qíng jù
七 情 具

qīng chì huáng
青 赤 黄

jí hēi bái
及 黑 白

cǐ wǔ sè
此 五 色

mù suǒ shí
目 所 识

酸苦甘 及辛咸 此五味 口所含
羶焦香 及腥朽 此五臭 鼻所嗅
宫商角 及徵羽 此五声 耳所取
匏土革 木石金 丝与竹 乃八音
曰平上 曰去入 此四声 宜调叶
高曾祖 父而身 身而子 子而孙
自子孙 至玄曾 乃九族 人之伦
父子恩 夫妇从 兄则友 弟则恭
长幼序 友与朋 君则敬 臣则忠
此十义 人所同 当顺叙 勿违背
有伯叔 有舅甥 婿妇翁 三党名
斩齐衰 大小功 至缌麻 五服终
礼乐射 御书数 古六艺 今不具
惟书学 人共遵 既识字 讲说文
有古文 大小篆 隶草继 不可乱

若广学　惧其繁　但略说　能知原

凡训蒙　须讲究　详训诂　明句读

为学者　必有初　小学终　至四书

论语者　二十篇　群弟子　记善言

孟子者　七篇止　讲道德　说仁义

作中庸　子思笔　中不偏　庸不易

作大学　乃曾子　自修齐　至平治

孝经通　四书熟　如六经　始可读

诗书易　礼春秋　号六经　当讲求

有连山　有归藏　有周易　三易详

有典谟　有训诰　有誓命　书之奥

我周公　作周礼　著六官　存治体

大小戴　注礼记　述圣言　礼乐备

曰国风　曰雅颂　号四诗　当讽咏

诗既七　春秋作　寓褒贬　别善恶

三传者 有公羊 有左氏 有榖梁

经既明 方读子 撮其要 记其事

五子者 有荀扬 文中子 及老庄

经子通 读诸史 考世系 知终始

自羲农 至黄帝 号三皇 居上世

唐有虞 号二帝 相揖逊 称盛世

夏有禹 商有汤 周文武 称三王

夏传子 家天下 四百载 迁夏社

汤伐夏 国号商 六百载 至纣亡

周武王 始诛纣 八百载 最长久

周共和 始纪年 历宣幽 遂东迁

周道衰 王纲坠 逞干戈 尚游说

始春秋 终战国 五霸强 七雄出

嬴秦氏 始兼并 传二世 楚汉争

高祖兴 汉业建 至孝平 王莽篡

光武兴　为东汉　四百年　终于献
魏蜀吴　争汉鼎　号三国　迄两晋
宋齐继　梁陈承　为南朝　都金陵
北元魏　分东西　宇文周　与高齐
迨至隋　一土宇　不再传　失统绪
唐高祖　起义师　除隋乱　创国基
二十传　三百载　梁灭之　国乃改
梁唐晋　及汉周　称五代　皆有由
炎宋兴　受周禅　十八传　南北混
辽与金　皆称帝　元灭金　绝宋世
莅中国　兼戎狄　九十年　国祚废
太祖兴　国大明　号洪武　都金陵
迨成祖　迁燕京　十七世　至崇祯
权阉肆　寇如林　自成入　神器焚
清世祖　膺景命　靖四方　克大定
由康雍　历乾嘉　民安富　治绩夸

道咸间 同光后 革命兴

变乱起 宣统弱 废帝制

始英法 传九帝 立宪法

扰都鄙 满清殁 建民国

廿五史 史虽繁 后汉三

全在兹 读有次 国志四

载治乱 史记一 兼证经

知兴衰 汉书二 参通鉴

读史者 口而诵 昔仲尼

考实录 心而惟 师项橐

通古今 朝于斯 古圣贤

若亲目 夕于斯 尚勤学

赵中令 披蒲编 头悬梁

读鲁论 削竹简 锥刺股

彼既仕 彼无书 彼不教

学且勤 且知勉 自勤苦

如囊萤 如负薪 苏老泉

如映雪 如挂角 二十七

家虽贫 身虽劳 始发愤

学不辍 犹苦卓 读书籍

彼既老 犹悔迟 尔小生 宜早思

若梁灏　八十二　对大廷　魁多士

彼既成　众称异　尔小生　宜立志

莹八岁　能咏诗　泌七岁　能赋棋

彼颖悟　人称奇　尔幼学　当效之

蔡文姬　能辨琴　谢道韫　能咏吟

彼女子　且聪敏　尔男子　当自警

唐刘晏　方七岁　举神童　作正字

彼虽幼　身已仕　尔幼学　勉而致

有为者　亦若是　犬守夜　鸡司晨

苟不学　曷为人　蚕吐丝　蜂酿蜜

人不学　不如物　幼而学　壮而行

上致君　下泽民　扬名声　显父母

光于前　裕于后　人遗子　金满籯

我教子　惟一经　勤有功　戏无益

戒之哉　宜勉力

bǎi jiā xìng
百 家 姓

扫一扫　听诵读

赵 钱 孙 李 周 吴 郑 王 冯 陈 褚 卫

蒋 沈 韩 杨 朱 秦 尤 许 何 吕 施 张

孔 曹 严 华 金 魏 陶 姜 戚 谢 邹 喻

柏 水 窦 章 云 苏 潘 葛 奚 范 彭 郎

鲁 韦 昌 马 苗 凤 花 方 俞 任 袁 柳

酆 鲍 史 唐 费 廉 岑 薛 雷 贺 倪 汤

滕 殷 罗 毕 郝 邬 安 常 乐 于 时 傅

皮 卞 齐 康 伍 余 元 卜 顾 孟 平 黄

和 穆 萧 尹 姚 邵 湛 汪 祁 毛 禹 狄

米 贝 明 臧 计 伏 成 戴 谈 宋 茅 庞

熊 纪 舒 屈 项 祝 董 梁 杜 阮 蓝 闵

席 季 麻 强 贾 路 娄 危 江 童 颜 郭

梅 盛 林 刁 钟 徐 邱 骆 高 夏 蔡 田

樊 胡 凌 霍 虞 万 支 柯 昝 管 卢 莫

经 房 裘 缪 干 解 应 宗 丁 宣 贲 邓

yù 郁	shàn 单	háng 杭	hóng 洪	bāo 包	zhū 诸	zuǒ 左	shí 石	cuī 崔	jí 吉	niǔ 钮	gōng 龚
chéng 程	jī 嵇	xíng 邢	huá 滑	péi 裴	lù 陆	róng 荣	wēng 翁	xún 荀	yáng 羊	yú 於	huì 惠
zhēn 甄	qū 曲	jiā 家	fēng 封	ruì 芮	yì 羿	chǔ 储	jin 靳	jí 汲	bǐng 邴	mí 糜	sōng 松
jǐng 井	duàn 段	fù 富	wū 巫	wū 乌	jiāo 焦	bā 巴	gōng 弓	mù 牧	wěi 隗	shān 山	gǔ 谷
chē 车	hóu 侯	mì 宓	péng 蓬	quán 全	xī 郗	bān 班	yǎng 仰	qiū 秋	zhòng 仲	yī 伊	gōng 宫
nìng 宁	qiú 仇	luán 栾	bào 暴	gān 甘	tǒu 钭	lì 厉	róng 戎	zǔ 祖	wǔ 武	fú 符	liú 刘
jǐng 景	zhān 詹	shù 束	lóng 龙	yè 叶	xìng 幸	sī 司	sháo 韶	gào 郜	lí 黎	jì 蓟	bó 薄
yìn 印	sù 宿	bái 白	huái 怀	pú 蒲	tái 邰	cóng 从	è 鄂	suǒ 索	xián 咸	jí 籍	lài 赖
zhuó 卓	lìn 蔺	tú 屠	méng 蒙	chí 池	qiáo 乔	yīn 阴	yù 郁	xū 胥	nài 能	cāng 苍	shuāng 双
wén 闻	shēn 莘	dǎng 党	zhái 翟	tán 谭	gòng 贡	láo 劳	páng 逄	jī 姬	shēn 申	fú 扶	dǔ 堵
rǎn 冉	zǎi 宰	lì 郦	yōng 雍	xì 郤	qú 璩	sāng 桑	guì 桂	pú 濮	niú 牛	shòu 寿	tōng 通
biān 边	hù 扈	yān 燕	jì 冀	jiá 郏	pǔ 浦	shàng 尚	nóng 农	wēn 温	bié 别	zhuāng 庄	yàn 晏
chái 柴	qú 瞿	yán 阎	chōng 充	mù 慕	lián 连	rú 茹	xí 习	huàn 宦	ài 艾	yú 鱼	róng 容
xiàng 向	gǔ 古	yì 易	shèn 慎	gē 戈	liào 廖	yǔ 庾	zhōng 终	jì 暨	jū 居	héng 衡	bù 步
dū 都	gěng 耿	mǎn 满	hóng 弘	kuāng 匡	guó 国	wén 文	kòu 寇	guǎng 广	lù 禄	quē 阙	dōng 东

ōu 欧	shū 殳	wò 沃	lì 利	yù 尉	yuè 越	kuí 夔	lóng 隆	shī 师	gǒng 巩	shè 厍	niè 聂
cháo 晁	gōu 勾	áo 敖	róng 融	lěng 冷	zī 訾	xīn 辛	kàn 阚	nā 那	jiǎn 简	ráo 饶	kōng 空
zēng 曾	wú 毋	shā 沙	niè 乜	yǎng 养	jū 鞠	xū 须	fēng 丰	cháo 巢	guān 关	kuǎi 蒯	xiàng 相
zhā 查	hòu 後	jīng 荆	hóng 红	yóu 游	zhú 竺	quán 权	lù 逯	gě 盖	yì 益	huán 桓	gōng 公
mò 万	qí 俟	sī 司	mǎ 马	shàng 上	guān 官	ōu 欧	yáng 阳	xià 夏	hóu 侯	zhū 诸	gě 葛
wén 闻	rén 人	dōng 东	fāng 方	hè 赫	lián 连	huáng 皇	fǔ 甫	yù 尉	chí 迟	gōng 公	yáng 羊
tán 澹	tái 台	gōng 公	yě 冶	zōng 宗	zhèng 政	pú 濮	yáng 阳	chún 淳	yú 于	chán 单	yú 于
tài 大	shū 叔	shēn 申	tú 屠	gōng 公	sūn 孙	zhòng 仲	sūn 孙	xuān 轩	yuán 辕	líng 令	hú 狐
zhōng 钟	lí 离	yǔ 宇	wén 文	zhǎng 长	sūn 孙	mù 慕	róng 容	xiān 鲜	yú 于	lú 闾	qiū 丘
sī 司	tú 徒	sī 司	kōng 空	qí 亓	guān 官	sī 司	kòu 寇	zhǎng 仉	dū 督	zǐ 子	jū 车
zhuān 颛	sūn 孙	duān 端	mù 木	wū 巫	mǎ 马	gōng 公	xī 西	qī 漆	diāo 雕	yuè 乐	zhèng 正
rǎng 壤	sì 驷	gōng 公	liáng 良	tuò 拓	bá 跋	jiā 夹	gǔ 谷	zǎi 宰	fù 父	gǔ 榖	liáng 梁
jìn 晋	chǔ 楚	yán 闫	fǎ 法	rǔ 汝	yān 鄢	tú 涂	qīn 钦	duàn 段	gān 干	bǎi 百	lǐ 里
dōng 东	guō 郭	nán 南	mén 门	hū 呼	yán 延	guī 归	hǎi 海	yáng 羊	shé 舌	wēi 微	shēng 生
yuè 岳	shuài 帅	gōu 缑	kàng 亢	kuàng 况	hòu 后	yǒu 有	qín 琴	liáng 梁	qiū 丘	zuǒ 左	qiū 丘

东门 西门　商牟 佘佴　伯赏 南宫

墨哈 谯笪　年爱 阳佟　第五 言福

百家姓终

qiān zì wén

千字文

nán cháo zhōu xīng sì zhuàn

（南朝）周兴嗣 撰

扫一扫 听诵读

天地玄黄　宇宙洪荒
日月盈昃　辰宿列张
寒来暑往　秋收冬藏
闰余成岁　律吕调阳
云腾致雨　露结为霜
金生丽水　玉出昆冈
剑号巨阙　珠称夜光
果珍李柰　菜重芥姜
海咸河淡　鳞潜羽翔
龙师火帝　鸟官人皇
始制文字　乃服衣裳
推位让国　有虞陶唐
吊民伐罪　周发殷汤
坐朝问道　垂拱平章
爱育黎首　臣伏戎羌

遐(xiá) 迩(ěr) 一(yì) 体(tǐ) 率(shuài) 宾(bīn) 归(guī) 王(wáng)

鸣(míng) 凤(fèng) 在(zài) 竹(zhú) 白(bái) 驹(jū) 食(shí) 场(cháng)

化(huà) 被(bèi) 草(cǎo) 木(mù) 赖(lài) 及(jí) 万(wàn) 方(fāng)

盖(gài) 此(cǐ) 身(shēn) 发(fà) 四(sì) 大(dà) 五(wǔ) 常(cháng)

恭(gōng) 惟(wéi) 鞠(jū) 养(yǎng) 岂(qǐ) 敢(gǎn) 毁(huǐ) 伤(shāng)

女(nǚ) 慕(mù) 贞(zhēn) 洁(jié) 男(nán) 效(xiào) 才(cái) 良(liáng)

知(zhī) 过(guò) 必(bì) 改(gǎi) 得(dé) 能(néng) 莫(mò) 忘(wàng)

罔(wǎng) 谈(tán) 彼(bǐ) 短(duǎn) 靡(mí) 恃(shì) 己(jǐ) 长(cháng)

信(xìn) 使(shǐ) 可(kě) 覆(fù) 器(qì) 欲(yù) 难(nán) 量(liáng)

墨(mò) 悲(bēi) 丝(sī) 染(rǎn) 诗(shī) 赞(zàn) 羔(gāo) 羊(yáng)

景(jǐng) 行(xíng) 维(wéi) 贤(xián) 克(kè) 念(niàn) 作(zuò) 圣(shèng)

德(dé) 建(jiàn) 名(míng) 立(lì) 形(xíng) 端(duān) 表(biǎo) 正(zhèng)

空(kōng) 谷(gǔ) 传(chuán) 声(shēng) 虚(xū) 堂(táng) 习(xí) 听(tīng)

祸(huò) 因(yīn) 恶(è) 积(jī) 福(fú) 缘(yuán) 善(shàn) 庆(qìng)

尺(chǐ) 璧(bì) 非(fēi) 宝(bǎo) 寸(cùn) 阴(yīn) 是(shì) 竞(jìng)

资父事君　曰严与敬
孝当竭力　忠则尽命
临深履薄　夙兴温清
似兰斯馨　如松之盛
川流不息　渊澄取映
容止若思　言辞安定
笃初诚美　慎终宜令
荣业所基　籍甚无竟
学优登仕　摄职从政
存以甘棠　去而益咏
乐殊贵贱　礼别尊卑
上和下睦　夫唱妇随
外受傅训　入奉母仪
诸姑伯叔　犹子比儿
孔怀兄弟　同气连枝

交友投分　切磨箴规
仁慈隐恻　造次弗离
节义廉退　颠沛匪亏
性静情逸　心动神疲
守真志满　逐物意移
坚持雅操　好爵自縻
都邑华夏　东西二京
背邙面洛　浮渭据泾
宫殿盘郁　楼观飞惊
图写禽兽　画彩仙灵
丙舍傍启　甲帐对楹
肆筵设席　鼓瑟吹笙
升阶纳陛　弁转疑星
右通广内　左达承明
既集坟典　亦聚群英

杜稿钟隶　漆书壁经
dù gǎo zhōng lì　qī shū bì jīng

府罗将相　路侠槐卿
fǔ luó jiàng xiàng　lù xiá huái qīng

户封八县　家给千兵
hù fēng bā xiàn　jiā jǐ qiān bīng

高冠陪辇　驱毂振缨
gāo guān péi niǎn　qū gǔ zhèn yīng

世禄侈富　车驾肥轻
shì lù chǐ fù　jū jià féi qīng

策功茂实　勒碑刻铭
cè gōng mào shí　lè bēi kè míng

磻溪伊尹　佐时阿衡
pán xī yī yǐn　zuǒ shí ē héng

奄宅曲阜　微旦孰营
yǎn zhái qū fù　wēi dàn shú yíng

桓公匡合　济弱扶倾
huán gōng kuāng hé　jì ruò fú qīng

绮回汉惠　说感武丁
qǐ huí hàn huì　yuè gǎn wǔ dīng

俊乂密勿　多士寔宁
jùn yì mì wù　duō shì shí níng

晋楚更霸　赵魏困横
jìn chǔ gēng bà　zhào wèi kùn héng

假途灭虢　践土会盟
jiǎ tú miè guó　jiàn tǔ huì méng

何遵约法　韩弊烦刑
hé zūn yuē fǎ　hán bì fán xíng

起翦颇牧　用军最精
qǐ jiǎn pō mù　yòng jūn zuì jīng

宣威沙漠　驰誉丹青
九州禹迹　百郡秦并
岳宗泰岱　禅主云亭
雁门紫塞　鸡田赤城
昆池碣石　钜野洞庭
旷远绵邈　岩岫杳冥
治本于农　务兹稼穑
俶载南亩　我艺黍稷
税熟贡新　劝赏黜陟
孟轲敦素　史鱼秉直
庶几中庸　劳谦谨敕
聆音察理　鉴貌辨色
贻厥嘉猷　勉其祗植
省躬讥诫　宠增抗极
殆辱近耻　林皋幸即

両 疏 见 机　　解 组 谁 逼

索 居 闲 处　　沉 默 寂 寥

求 古 寻 论　　散 虑 逍 遥

欣 奏 累 遣　　戚 谢 欢 招

渠 荷 的 历　　园 莽 抽 条

枇 杷 晚 翠　　梧 桐 蚤 凋

陈 根 委 翳　　落 叶 飘 摇

游 鹍 独 运　　凌 摩 绛 霄

耽 读 玩 市　　寓 目 囊 箱

易 輶 攸 畏　　属 耳 垣 墙

具 膳 餐 饭　　适 口 充 肠

饱 饫 烹 宰　　饥 厌 糟 糠

亲 戚 故 旧　　老 少 异 粮

妾 御 绩 纺　　侍 巾 帷 房

纨 扇 圆 絜　　银 烛 炜 煌

昼眠夕寐　蓝笋象床

弦歌酒宴　接杯举觞

矫手顿足　悦豫且康

嫡后嗣续　祭祀烝尝

稽颡再拜　悚惧恐惶

笺牒简要　顾答审详

骸垢想浴　执热愿凉

驴骡犊特　骇跃超骧

诛斩贼盗　捕获叛亡

布射僚丸　嵇琴阮啸

恬笔伦纸　钧巧任钓

释纷利俗　并皆佳妙

毛施淑姿　工颦妍笑

年矢每催　曦晖朗曜

璇玑悬斡　晦魄环照

指薪修祜　永绥吉劭
矩步引领　俯仰廊庙
束带矜庄　徘徊瞻眺
孤陋寡闻　愚蒙等诮
谓语助者　焉哉乎也

dé yù qǐ méng
德 育 启 蒙

yìn guāng dà shī zhù
印 光 大 师 著

扫一扫　听诵读

德育启蒙

孝亲

身体发肤，受之父母，父母与我，实为一体。

我爱自身，应孝父母，能不辱身，便是荣亲。

友爱

兄弟姊妹，手足骨肉，痛痒相关，休戚与共。

兄爱弟敬，和和睦睦，相推相爱，家庭之福。

敬师

师严道尊，人伦表率，道德学

问，是效是则。

养我蒙正，教我嘉谟，不敬其师，何能受益。

择友

近朱者赤，近墨者黑，朋友相处，有损有益。

益者近之，损者远之，劝善规过，端赖乎兹。

布衣

衣取遮体，兼以御寒，大布之衣，惜福养廉。

莫羡绸缎，锦绣华美，折了福

shòu，zì bào zì qì。

寿，自暴自弃。

蔬食 (shū shí)

shū shí wèi shēng，ròu shí shāng shēng，shā shí hèn xīn，qí dú fēi qīng。

蔬食卫生，肉食伤生，杀时恨心，其毒非轻。

wù tān chī ròu，chī le xū huán，huán de shí hòu，zhēn gè kě lián。

勿贪吃肉，吃了须还，还的时候，真个可怜。

惜字 (xī zì)

zì wéi zhì bǎo，yuǎn shèng jīn zhū，rén yóu zì zhì，fǒu zé yú chī。

字为至宝，远胜金珠，人由字智，否则愚痴。

shì ruò wú zì，yí shì mò chéng，rén yǔ qín shòu，suǒ yì wéi míng。

世若无字，一事莫成，人与禽兽，所异唯名。

惜谷

田中五谷，以养人民，爱惜五谷，即是善心。

修善者存，不善者亡，惜谷获福，殄谷遭殃。

惜阴

七十古稀，弹指即过，过则已无，何敢懈惰。

努力勤学，立德立业，自利利他，为世作则。

仗义

一举一动，唯义是取，义之所

在，无往不利。

小人见利，即忘其义，虽得小利，究竟吃亏。

清廉

人生福泽，前世所修，非义而取，是食毒物。

清而不污，廉而不贪，世所崇敬，荣无加焉。

知耻

耻之一字，其利无穷，有与圣近，无与兽同。

惭耻之服，无得暂卸，我佛训诲，庄严第一。

尽忠

一秉真诚，不被妄侵，事亲接物，了无二心。

祗期尽分，不计人知，如是之人，堪为世仪。

守信

守信之人，言不妄发，说到做到，不矜不伐。

无信之人，事事皆假，人所厌弃，不如牛马。

仁慈

仁爱慈悲，心之生机，此心愈真，福泽愈深。

若无此心，势必残刻，纵有宿福，折尽受厄。

不杀生

凡属动物，皆有知觉，贪生怕死，唯命是惜。

若戏顽杀，及杀而食，现生后世，决定报复。

不偷窃

凡有主物，不可偷取，偷小丧

品，偷大招祸。

偷人之物，折己之福，欲得便宜，反吃大亏。

不邪淫

淫欲为害，伤身丧志，虽属夫妻，亦当节制。

若是邪淫，更非所宜，古今志士，无一犯之。

不说谎

言为行表，是本心术，心既不真，行何能正。

望尔后生，切勿妄语，口是心

fēi，zhōng wú jié jú
非，终无结局。

不吸烟
bù xī yān

烟俱勿吸，以伤卫生，口气常
yān jù wù xī　　yǐ shāng wèi shēng　　kǒu qì cháng

臭，熏天熏人。
chòu　　xūn tiān xūn rén

鸦片香烟，其毒极烈，花钱买
yā piàn xiāng yān　　qí dú jí liè　　huā qián mǎi

害，痴人可怜。
hài　　chī rén kě lián

不饮酒
bù yǐn jiǔ

酒是狂药，饮必乱性，醉则反
jiǔ shì kuáng yào　　yǐn bì luàn xìng　　zuì zé fǎn

常，越礼犯分。
cháng　　yuè lǐ fàn fèn

最好勿吃，免致大喝，聪明智
zuì hǎo wù chī　　miǎn zhì dà hē　　cōng míng zhì

慧，常保清白。
huì　　cháng bǎo qīng bái

不赌博
bù dǔ bó

赌钱博弈，丧志失时，专心于
dǔ qián bó yì，sàng zhì shī shí，zhuān xīn yú

此，正事弃遗。
cǐ，zhèng shì qì yí

有限光阴，送之儿嬉，破家荡
yǒu xiàn guāng yīn，sòng zhī ér xī，pò jiā dàng

产，罪无了期。
chǎn，zuì wú liǎo qī

不奢侈
bù shē chǐ

奢侈夸富，买祸买贱，君子下
shē chǐ kuā fù，mǎi huò mǎi jiàn，jūn zǐ xià

看，盗贼来劫。
kàn，dào zéi lái jié

布衣蔬食，圣贤仪式，现生后
bù yī shū shí，shèng xián yí shì，xiàn shēng hòu

世，人各取则。
shì，rén gè qǔ zé

不傲慢
bú ào màn

傲慢轻人，实自呈短，明人知
ào màn qīng rén，shí zì chéng duǎn，míng rén zhī

伊，学养俱罕。

纵到圣位，犹不轻人，绝无凡
圣，念存于心。

不嫉妒

人有才德，我当赞叹，彼于社
会，必有贡献。

若生嫉妒，是谓愚痴，业报夺
汝，宿世慧思。

不偏见

人有小智，未闻大道，每执己
见，以为最妙。

坐井观天，所见者小，若登高

shān qián jiàn zì liǎo
山，前见自了。

不迁怒
bù qiān nù

yǒu fù guì rén， qì liàng huò xiǎo， měi yīn fú
有富贵人，气量或小，每因拂

yì， fèn nù láo sāo
意，忿怒牢骚。

qiān nù wú yì， zì tā fán nǎo， hǎi hán kuān
迁怒无益，自他烦恼，海涵宽

shù， shì wú jià bǎo
恕，是无价宝。

不耻问
bù chǐ wèn

néng wèn bù néng， duō wèn yú guǎ， jì rén cóng
能问不能，多问于寡，冀人从

jǐ， gù xiān zì xià
己，故先自下。

ruò shì wú zhī， yóu dāng wèn rén， bó xué shěn
若是无知，尤当问人，博学审

wèn， zào yì fāng zhēn
问，造诣方真。

xiǎo jīng
孝 经

扫一扫 听诵读

开宗明义章第一

仲尼居，曾子侍。子曰："先王有至德要道，以顺天下，民用和睦，上下无怨，汝知之乎？"曾子避席曰："参不敏，何足以知之？"子曰："夫孝，德之本也，教之所由生也。复坐，吾语汝。身体发肤，受之父母，不敢毁伤，孝之始也。立身行道，扬名于后世，以显父母，孝之终也。夫孝，始于事亲，中于事君，终于立身。大雅云：'无念尔祖，聿修厥德。'"

天子章第二
tiān zǐ zhāng dì èr

子曰："爱亲者，不敢恶于人；敬亲者，不敢慢于人。爱敬尽于事亲，而德教加于百姓，刑于四海，盖天子之孝也。《甫刑》云：'一人有庆，兆民赖之。'"

诸侯章第三
zhū hóu zhāng dì sān

"在上不骄，高而不危。制节谨度，满而不溢。高而不危，所以长守贵也。满而不溢，所以长守富也。富贵不离其身，然后能保其社稷，而和其民人，盖诸侯之孝也。诗云：'战

zhàn jīng jīng　　rú lín shēn yuān　　rú lǚ bó bīng
战 兢 兢 ，如 临 深 渊 ，如 履 薄 冰 。'"

qīng dà fū zhāng dì sì
卿大夫章第四

fēi xiān wáng zhī fǎ fú　　bù gǎn fú　　fēi xiān
"非 先 王 之 法 服 ，不 敢 服 。非 先
wáng zhī fǎ yán　　bù gǎn dào　　fēi xiān wáng zhī dé xìng
王 之 法 言 ，不 敢 道 。非 先 王 之 德 行 ，
bù gǎn xíng　　shì gù　　fēi fǎ bù yán　　fēi dào bù
不 敢 行 。是 故 ，非 法 不 言 ，非 道 不
xíng　　kǒu wú zé yán　　shēn wú zé xíng　　yán mǎn tiān xià
行 。口 无 择 言 ，身 无 择 行 。言 满 天 下
wú kǒu guò　　xíng mǎn tiān xià wú yuàn è　　sān zhě bèi
无 口 过 ，行 满 天 下 无 怨 恶 。三 者 备
yǐ　　rán hòu néng shǒu qí zōng miào　　gài qīng dà fū zhī xiào
矣 ，然 后 能 守 其 宗 庙 ，盖 卿 大 夫 之 孝
yě　　shī yún　　sù yè fěi xiè　　yǐ shì yì rén
也 。诗 云 ：'夙 夜 匪 懈 ，以 事 一 人 。'"

shì zhāng dì wǔ
士章第五

zī yú shì fù yǐ shì mǔ　　ér ài tóng　　zī
"资 于 事 父 以 事 母 ，而 爱 同 。资
yú shì fù yǐ shì jūn　　ér jìng tóng　　gù mǔ qǔ qí
于 事 父 以 事 君 ，而 敬 同 。故 母 取 其

爱，而君取其敬，兼之者父也。故以
孝事君则忠，以敬事长则顺。忠顺不
失，以事其上，然后能保其禄位，而
守其祭祀，盖士之孝也。诗云：'夙
兴夜寐，无忝尔所生。'"

庶人章第六

"用天之道，分地之利，谨身节
用，以养父母，此庶人之孝也。故自
天子至于庶人，孝无终始，而患不及
者，未之有也。"

三才章第七

曾子曰："甚哉，孝之大也！"子

曰：“夫孝，天之经也，地之义也，民之行也。天地之经，而民是则之。则天之明，因地之利，以顺天下，是以其教不肃而成，其政不严而治。先王见教之可以化民也，是故先之以博爱，而民莫遗其亲；陈之于德义，而民兴行；先之以敬让，而民不争；导之以礼乐，而民和睦；示之以好恶，而民知禁。诗云：‘赫赫师尹，民具尔瞻。’”

孝治章第八

子曰：“昔者明王之以孝治天下也，不敢遗小国之臣，而况于公、侯、伯子、男乎？故得万国之欢心，以事其先王。治国者，不敢侮于鳏寡，而况于士民乎？故得百姓之欢心，以事其先君。治家者，不敢失于臣妾，而况于妻子乎？故得人之欢心，以事其亲。夫然，故生则亲安之，祭则鬼享之。是以天下和平，灾害不生，祸乱不作。故明王之以孝治天下也如此。

诗云："'有觉德行，四国顺之。'"

圣治章第九

曾子曰："敢问圣人之德，无以加于孝乎？"子曰："天地之性，人为贵。人之行，莫大于孝。孝莫大于严父，严父莫大于配天，则周公其人也。昔者，周公郊祀后稷以配天，宗祀文王于明堂，以配上帝。是以四海之内，各以其职来祭。夫圣人之德，又何以加于孝乎？故亲生之膝下，以养父母曰严。圣人因严以教敬，因亲以教爱。圣人之教，不肃而成；其政不严而治。其所因者，本也。父子之道，天性也，君臣之义也。父母生之，续莫大焉；君亲临之，厚莫重焉。故不爱其亲，而爱他人者，谓之悖德；不敬其亲，而敬他人者，谓之悖礼。以顺则逆，民无则焉。不在于善，而皆在于凶德。虽得之，君子不贵也。君子则不然，言思可道，

行思可乐，德义可尊，作事可法，容
止可观，进退可度，以临其民。是以
其民畏而爱之，则而象之。故能成其
德教，而行其政令。诗云：'淑人君
子，其仪不忒。'"

纪孝行章第十

子曰："孝子之事亲也，居则致
其敬，养则致其乐，病则致其忧，丧
则致其哀，祭则致其严。五者备矣，
然后能事亲。事亲者，居上不骄，为
下不乱，在丑不争。居上而骄则亡，
为下而乱则刑，在丑而争则兵。三者
不除，虽日用三牲之养，犹为不孝也。"

五刑章第十一

子曰："五刑之属三千，而罪莫大于不孝。要君者无上，非圣人者无法，非孝者无亲，此大乱之道也。"

广要道章第十二

子曰："教民亲爱，莫善于孝；教民礼顺，莫善于悌；移风易俗，莫善于乐；安上治民，莫善于礼。礼者，敬而已矣。故敬其父，则子悦；敬其兄，则弟悦；敬其君，则臣悦；敬一人，而千万人悦。所敬者寡，而悦者众。此之谓要道也。"

广至德章第十三

子曰："君子之教以孝也，非家至而日见之也。教以孝，所以敬天下之为人父者也；教以悌，所以敬天下之为人兄者也；教以臣，所以敬天下之为人君者也。诗云：'恺悌君子，民之父母。'非至德，其孰能顺民如此其大者乎？"

广扬名章第十四

子曰："君子之事亲孝，故忠可移于君；事兄悌，故顺可移于长；居家理，故治可移于官。是以行成于内，而名立于后世矣。"

谏诤章第十五

曾子曰："若夫慈爱、恭敬、安亲、扬名，则闻命矣。敢问子从父之令，可谓孝乎？"子曰："是何言与！是何言与！昔者，天子有争臣七人，虽无道，不失其天下。诸侯有争臣五人，虽无道，不失其国。大夫有争臣三人，虽无道，不失其家。士有争友，则身不离于令名。父有争子，则身不陷于不义。故当不义，则子不可以不争于父，臣不可以不争于君。故当不义则争之。从父之令，又焉得为

孝乎 ？ ”
xiào hū

感应章第十六
gǎn yìng zhāng dì shí liù

子曰：“昔者明王事父孝，故事
天明；事母孝，故事地察；长幼顺，
故上下治；天地明察，神明彰矣。
故虽天子必有尊也，言有父也；必
有先也，言有兄也。宗庙致敬，不
忘亲也。修身慎行，恐辱先也。宗庙
致敬，鬼神著矣。孝悌之至，通于神
明，光于四海，无所不通。诗云：
‘自西自东，自南自北，无思不服。’”

事君章第十七

子曰：“君子之事上也，进思尽忠，退思补过，将顺其美，匡救其恶，故上下能相亲也。诗云：‘心乎爱矣，退不谓矣！中心藏之，何日忘之！’”

丧亲章第十八

子曰：“孝子之丧亲也，哭不偯，礼无容，言不文，服美不安，闻乐不乐，食旨不甘，此哀戚之情也。三日而食，教民无以死伤生。毁不灭性，此圣人之政也。丧不过三年，示民有

终也。为之棺椁衣衾而举之；陈其簠
簋而哀戚之；擗踊哭泣，哀以送之，
卜其宅兆，而安措之；为之宗庙，以
鬼享之；春秋祭祀，以时思之。生事
爱敬，死事哀戚。生民之本尽矣，死
生之义备矣，孝子之事亲终矣。"